Tchad Fausny JEAN-MARY

Les lettres pandémiques ou le problème humain

Tchad Fausny JEAN-MARY

Les lettres pandémiques ou le problème humain

Éditions Muse

Imprint
Any brand names and product names mentioned in this book are subject to trademark, brand or patent protection and are trademarks or registered trademarks of their respective holders. The use of brand names, product names, common names, trade names, product descriptions etc. even without a particular marking in this work is in no way to be construed to mean that such names may be regarded as unrestricted in respect of trademark and brand protection legislation and could thus be used by anyone.

Cover image: www.ingimage.com

Publisher:
Éditions Muse
is a trademark of
International Book Market Service Ltd., member of OmniScriptum Publishing Group
17 Meldrum Street, Beau Bassin 71504, Mauritius
Printed at: see last page
ISBN: 978-620-2-29843-8

Les lettres pandémiques ou le problème humain

(26 lettres)

Tchad Fausny JEAN-MARY

2020

Description sommaire

-26 lettres (dialogues entre un surhumain (espèce à part) et un humain)

Textes poétiques (encore sous forme de dialogue ancrés au texte global)

-Un monde de problème, quel dilemme !

-Sur les reliques du monde cadavérique

-Croire en la science

-Ainsi perdue semble être la cause humaine

- Le monde meurt (si le monde doit mourir en voici les causes)

- Je suis un homme mélancolique

2 bonus

- Le temps des masques
- Aux stupides nihilistes qui ont empoisonné l'existence

Les avant-gardes

- Avertissement

-Prologue

- Epilogue

Concepts forts : intégral positif, négatif, liberté emprisonnée, dignité empoisonnée, capabilité finie et infinie, spirale cunéiforme, réalisme merveilleux, poétique révolutionnaire, romantisme révolutionnaire, idéaltype, no-lonté, réalisme esthétique et éthique, décivilisation, homophobie etc…

''En mémoire de tous ceux et celles qui ont injustement rendu l'âme par le biais de l'horrible pandémie du **corona virus''**. Hélas, à cause de la haine interhumaine, l'eau de la mort mine brutalement la pierre de la vie !

Tchad Fausny, J.M (sur les traces des funérailles de la vie)

''Nous sommes ni d'Adam, ni d'Eve,

mais de ceux qui savent,

Que la terre a besoin qu'on l'aide,

Que l'on se sacrifie,

Que l'amour est l'espérance de l'homme".

''René Philoctète, dans ces îles qui marchent ''

Avertissement

Ils sont nombreux, ceux qui jusque là encore, sont dans une totale ignorance sur ce qui se passe depuis déjà bon moment dans notre monde. Je ne veux ici parler ni de la politique, ni de l'économique au sens étroit des termes, ceux qui à plus ou moins bon droit, des sujets les plus parlant en raison de leur importance capitale dans toute société. Éphémères et éternels en même temps, ils sont intemporels et constituent en même temps les piliers principaux de l'édifice des sociétés modernes et anciennes.

Par ailleurs, il y a un sujet beaucoup plus important que les hommes eux-mêmes, négligent, et c'est à tort, puisqu'il s'agit de leur sujet propre ; celui qui les concerne de la tête aux pieds. Il s'agit du sujet « humain », le plus grand et le plus noble des sujets. Le seul en réalité qui devait dans tous les aspects, valoir en tout temps, en toutes occasions et en toutes circonstances. Et pourtant, c'est tout l'inverse qui se produit. L'homme néglige au plus haut point l'homme. D'où il se néglige lui-même ; et voit en lui la cible qu'il faut malheureusement atteindre par son anéantissement total. C'est vertigineux !

Au fond, nous sommes presqu'unanimes à reconnaitre qu'on peut bien être homme, sans pour autant être humain. Car l'humanité est un degré à atteindre. Du moins, c'est un acquis qui doit être acquis par un long travail de bonne volonté et parfois même de forçat. Il est un caractère empirique et une manière d'être personnelle. Quelque chose qui ne peut pas s'acquérir seulement par le développement de l'intelligence, mais aussi et surtout par le cœur, la sensibilité à la cause des autres qui au fond est notre cause à tous ; une sorte de « métanoia » pour être plus précis.

Tout homme quel qu'il soit, a cependant une humanité qui n'est autre qu'un caractère sous-entendu, c'est -a- dire, caché au fond de chacun de nous. Il s'agit seulement de vouloir l'éclore afin d'apporter chacun, chacune à sa façon, du bien à l'humanité. *Car comme il a été dit et écrit par Tchad quelques parts, ''faire le bien, seul est notre bien, ici, en ce bas-monde''.* Et nous tenons cette vérité évidente par elle-même. L'être humain, sans son humanité, manque de presque tout, même s'il posséderait l'humanité entière. Ainsi sans vouloir faire la morale, ni commander à quiconque, je vous invite tous, à prendre part à

cette petite somme magistrale rédigée sous formes de lettres, adressées modestement au lectorat universel dans un but précis qui doit être à même de nous conduire à une finalité meilleure pour tout le genre humain. Le but est de ''diagnostiquer'' et la finalité est toujours de ''conscientiser''. Parce qu'en effet, si nous ne faisons vraiment pas attention à nous même et à nos comportements malsains et vilains, il se peut que nous nous disparaissions très prochainement en tant que peuple qui est le grand peuple de l'humanité et aussi en tant que nation qui est la seule et unique nation du monde, de l'humanité entière. C'est allant de soi que les maladies, les grandes pandémies et en exclusivité le corona virus qui pratique l'excommunication des humains dans toute la planète, est une catastrophe humainement inhumaine. Elles sont loin d'être naturelles. Alors arrêtons de blâmer, d'acculer, la nature, la fatalité pour nos maux, alors que des et des recherches prouvent pertinemment que nous en sommes les principaux auteurs.

Ronald Jean-Mary

Prologue

Mon cher Tchad,

J'ai été surpris ce matin en me réveillant quand j'ai rêvé dans un rêve que tu allais faire connaitre à l'humanité nos brèves correspondances interminées sans prologue et encore moins d'épilogue , sur ce monde volcanique de relations pêle-mêle , de brouhaha et d'entêtement fratricide . Monde de Spirale cunéiforme liliacée dans un ''réalisme merveilleux'', siamois frère de la poétique révolutionnaire, encre lumineuse de l'espoir millénaire. Monde parfait-imparfait au plus que parfait. Laboratoire de succès spontanés, montagnes de défaites inouïes, vallée d'échecs cuisant planifiés. Répertoire de mythes, de légendes et grand abattoir de crimes. Ton monde fait voir de toutes les couleurs et voit lui-même de toutes les couleurs. Pauvre monde sans couleur et de toutes les couleurs. Carrefours incontestés des mots d'arc en ciel confrontant aux maux de mille et une couleurs, oui ! Des maux de toutes sortes, de toutes espèces voguant à longueur de journée dans les vagues furieuses de la vie à la saveur décolorée de la nuit. Hélas !

O homme ! Ombre et lumière en même temps. Etre aux corps fissurés et aux âmes contrebalancées ; Héritier subversif, acrobate de langues et forgeur d'imaginaire, parachuté dans le désœuvrement. Comment sortiras-tu de ce labyrinthe sauvage que toi-même tu as mis en œuvre ? Trouveras-tu, la pirouette qu'il faut pour dénouer ce nœud gordien ? Comment te soustraire proprement de ce carcan spectaculaire ? Dans l'interrogation de ces interrogations, le jeu est embrouillé, et est à marquer d'une carte blanche ; tu as le vent en pourpre et tu passes toi-même la corde au cou en mettant le feu à la poudre. Jeu dangereux, rose épineuse, et même les nuits sont ensoleillées ! L'accord est discordant et s'abîme dans l'abîme de l'oxymore de la vie et de la mort, de l'être et du néant. Que sais-je ?

Être au comportement catastrophique, à la socialité anomique, tu travailleras toi-même pour ton propre chaos, tu creuseras toi-même, ton propre tombeau.

Espace primaire en miniature, minuscule village, mais mosaïque de langues, de cultures, de croyances, de couleurs, de superstitions, de conspiration ; mondes aux îles blanches, aux îles noires, rouges, jaunes, vertes et j'en passe de vos « ***madjigridji*** » de perceptions ! Monde impudique, monde satirique, monde laïque, monde tragique, monde mélancolique, qu'est-ce qu'il pouvait rater l'ultime chance d'être un monde romantiquement romantique ! Sombré Hélas ! Dans l'attente de sa propre ordalie.

Tchad, mon cher Tchad, je sais ce que tu aimes le plus, c'est la liberté dans la paix et le respect dans le mutualisme profond. Et ton romantisme révolutionnaire a été enfanté par le simple fait d'aller à contre pied de ce qui se passe actuellement dans ton monde. Tu aurais voulu que les choses soient organisées autrement. Ton illusion découle de ton « idéal-type », n'étant autre qu'une société douce, harmonieuse et pacifiquement éternelle. C'est une utopie en considérant le déroulement même de la vie sous ton soleil. Et ta grande désillusion résulte dans la négation et l'in-espérance voire la « no-lonté » même de certains insensés de ton putain de monde. Et j'en suis terriblement navré ! Tu es utopiste et réaliste à la fois, car tu sais et sens à la fois que c'est dans la volonté et non dans la no-lonté qu'on peut bâtir un monde nouveau… et les rêves doivent synequanon, conjuguer avec les actions concrètes pour aboutir à un renouveau significatif.

Cher ami, très cher ami, ''***sagesse***'' demande d'être au commande des affaires humaines, dans ce monde anciennement pensé aujourd'hui dé -pensé, mal pensé et même impensé. Oui ! Ce monde aujourd'hui mal composé voire décomposé, méritant d'être à tout prix recomposé. Sans quoi, je ne vois point comment l'épargner de ce naufrage sauvage qui se pointe à l'horizon de l'océan gravement contaminé de vos sociétés boiteuses …

Sachant via ma vision que tu allais publier ces 26 lettres faites avec les 26 lettres de l'alphabet salutaire de la langue de SARTRE, sans compter les six poèmes et deux bonus que contenaient ce petit « édifice symbolique » sans prologue et aussi sans épilogue, je comprends que ça n'allait pas être génial, et l'art demande d'être artistique et génial parce qu'en réalité, ''l'ART'' c'est du **''réalisme esthétique et éthique''** de tous les jours. C'est pourquoi, j'ai endossé le blouson écrital pour apporter la touche vertigineuse au carrefour du commencement introductif à un message humanitaire …

Jeu de feu d'artifice, vérité pour sauver l'édifice, ***Ronald -Imma Jean-Mary***, m'est bien complice en prolongeant l'office au biais d'un avertissement linéaire et salutairement pointu adressé à tout le genre humain …

Clouons notre participation plénière ! Et que par ce prologue, j'épilogue en exhortant toutes les forces positives du cosmos de concourir à vos faiblesses humaines éléphantesques.

Ton ami,

Spécimen à part

Le 19 mars 2020

Lettre á mon ami de l'autre bout ...

Cher ami,

Je t'écris au crépuscule de la vie précisément à l'heure ou la covid-19, manifeste sa rage contre la race humaine au point de lui enlever ses plus chères et plus grandes créatures. Qu'adviendra t- il de l'existence quand brusquement elle est sous les bottes malhonnêtes d'un inimaginable démon ?

Terrible coup de tonnerre !
Une main sanguinaire,
A ordonné l'extermination des enfants de la terre;
Et par là ruiner l'économie millénaire.
Et maintenant que faire,
En cette ère de pathologie planétaire ?

Mon ami, mon cher ami de l'autre race et de l'autre planète, dis- moi que cela n’est pas la paille à comparer du poids surplombant que l'humanité aura à supporter. Notre calvaire a longtemps été commencé, cette fois-ci, me semble-t-il que nous attaquons la première marche du Golgotha des évènements qui auront à survenir.

Avec l'arrogante présomption que nous sommes la mesure de toute chose, nous faisons, défaisons et mal-faisons en même temps jusqu'à toucher l'extrême pointe de l'iceberg de notre autodestruction. Il n'ya de présage plus significativement mauvais que celui- là qui annonce le commencement certain de notre fin quotidien. Force est vraiment d'admettre que nous ne pouvions pas imaginer plus terrible scénario que celui-ci.

Quel oiseau de mauvais augure a tenté de sonner notre glas à tous ? Lequel a manigancé ce terrible sort contre la belle race humaine.
La pathétique et l'injuste douleur résulte dans le fait que les innocents feront voile vers l'EST bien avant les bourreaux qui semblent bien nous infliger pareil sort , soit par excès d'invention ou par sombre essai de destruction massive. Bref, fort souvent par pure méchanceté.

Cher et indomptable Ami, toi qui as des yeux voyant plus loin que mes pauvres yeux. Toi qui es mil fois plus perspicace que mes pauvres et malheureux de frères. Dis- moi que ce n'est pas la colère divine qui se manifeste contre les maudits enfants de la terre ?
Dis- moi ! Toi qui a des contacts directs avec les choses cachées et inaccessibles à nous, pauvres et impuissants humains.
Dis- moi, je t'en prie que ce n'est pas la mère Nature qui s'arrange à nous infliger une sévère correction parce qu'elle nous trouve impie en tant que nous nions toute loi pouvant nous aider à mener une droite et décente vie conforme à ses lois naturelles propres.
Dis-moi que la nature ne va pas manifester une sorte d'injustice en faisant que les innocents payent pour les vilains coupables !

Dis- moi, frère ! Dis-moi enfin que les gentils ne vont point périr à la place des méchants MAITRES DU MONDE, et bien à cause de ces derniers.

Contrairement à quelques sombres, arrogants et présomptueux scientifiques, je n'ai aucun moyen d'avoir de bonnes idées sur ce redoutable phénomène qui à mes yeux, parait presque mystique.

Dans l'urgence du moment, je m'évertue à te consulter afin de trouver une dose plus ou moins de tranquillité à mes interminables inquiétudes face à ce virus, rongeur de systèmes et grand dévoreur d'hommes.
Saches que mon ami, je ne me reposerai pas tant que tu ne m'aies pas dit que l'humanité a la chance même la plus mince de surmonter ce grand défi qui jusque là parait beaucoup trop insurmontable .

J'ai toujours peur d'avoir peur mais cette fois-ci, je ne peux nullement faire face à une telle fureur.
Hâte- toi, mon ami! Car, me semble-t-il qu'il ne nous reste vraiment pas beaucoup d'heures à résister à cette rageuse pandémie.

Ma famille m'a appelé ***Tchad Fausny***, et Je suis de la lignée des " ***JEAN-MARY",*** mais si jamais tu oublies mon nom, appelle moi : le fidèle humain ou le terrien amoureux de la vie ...

Port- au-Prince, le 19 mars 2020.

Spécimen à part

Depuis l'autre bout, le 20 mars 2020

Cher ami,

C'est avec une profonde peine que j'ai reçu ta profonde correspondance, mais qu'il me soit permis de t'annoncer qu'il n'ya pas trop lieu de te casser la tête pour une chose qui vous (humains) a longtemps dépassé même si nombre de pays ne cessent de travailler pour contrer-carrer ce grand fléau. Comme il en est du japon, des états - unis, de la Corée du sud sans oublier la chine, l'épicentre même du phénomène.

Cependant au risque de te déplaire et de te choquer, je vais te donner droit à une information secrète de ton humanité. Cette dernière qui est ta grande patrie a signé un pacte avec le malheur, tous les cent ans, c'est-à-dire à chaque centenaire précisément à chaque fois qu'une année s'arroge le conventionnel droit de terminer par le chiffre 20. C'est ainsi que tout a commencé en 1320 comme existence consciente, 1420,1520 - et a pu poursuivre en 1820, 1920, et cette dernière en date de 2020 sa longue et interminable marche dévastatrice. Donc je ne mens pas, et tu sais aussi bien que moi, que je ne mens jamais.
Va donc fouiller ! Vous, humains, espèce privilégiée, vous avez donc l'ultime privilège, d'avoir accès à des moteurs de recherche comme ***Google, Wikipédia***, et j'en passe des meilleurs. D'où, la recherche d'information n'est point un problème.

Je veux bien t'aider à retenir que tous ceux auxquels vous autres, (humains) attribuez ou considérez comme problèmes ou défis majeurs sont l'œuvre de vos propres mains et pensées. Ainsi, croirais-je que tu étais de même avis que moi, lorsque j'ai lu que tu as écrit bien quelque part :

" Nous sombrons dans l'idolâtrie
Nous accouchons l'infamie
Et comme les israélites près du mont Sinaï,
Nous ratons l'ultime chance de toucher á la terre promise "

C'est bien de vos frères humains que tu parlais en ces termes. En réalité, dans votre humanité, on a toujours tendance á vous mettre dans la tête comme "vérité d'évidence" que : vous êtes tous coupables. Combien est faux et trompeur, ce vilain carcan ! Tout le monde n'est pas coupable et tout le monde ne sera jamais coupable. Alors réveillez-vous et faites- vous, vous mêmes, ce qui est bon pour vous. Ne comptez pas sur les autres, et n'attendez pas demain, mais sachez vous prendre, vous-mêmes en main et comptez á aider vous mêmes les autres, car en réalité, vous êtes tous les mêmes, nés d'une seule et unique mère qui n'est autre que la charitable et grande Mère Nature.

Ainsi mon ami, comme a dit l'autre (quelques- uns de votre race) ''préparez- vous (humains) au pire et espérez donc le meilleur. Tel est le précieux conseil que je trouve pour l'instant á te donner ; je vais donc devoir te quitter pour répondre á un devoir cosmique, portes- toi, bien !

Ton grand ami, Spécimen á part, ou
Porteur de lumière.

-Lettre 3

Cher ami, au grand risque de te déplaire, jusqu'ici, j'ai reçu pour tout contenu dans ta grande élaboration que l'explication complète du pacte entre mon humanité et le malheur à chaque centenaire. Et la grande vérité selon laquelle, ce n'est que nous qui créons nos problèmes et par là nous causer nous mêmes, nos plus grands et intarissables maux. Je suis ravi d'apprendre par toi même que tous les hommes ne sont pas coupables.

Par ailleurs, Il me semble que tu minimises l'ampleur de ce qui se passe actuellement dans notre monde. Je te rappelle que notre monde est en train de mourir, il meurt en gros et il meurt en détail. Notre monde aujourd'hui est un foyer virulent qui nous impute de grandes pathologies auxquelles nous n'avons pas toujours des antidotes.

Une chose á laquelle, je m'attendais, c'est que tu me balançais á l'oreille que l'humanité ne va point s'écrouler et que mes frères ne continueront point de mourir comme des rats qu'on s'arrange á balancer dans une abjecte et abominable fosse commune. Et que voudrais- tu donc insinuer quand tu m'as conseillé de me préparer aux pires ? Y-a t- il encore quelque chose de plus pire que ce qui est en train d'arriver en ***Italie, en Chine à New York*** et dans tout le reste du monde ?
Dis- moi, mon ami et cette fois-ci, sois plus clair que même l'eau claire ! Car je n'ai vraiment plus la même force de faire force avec ces sales et horribles forces.

Daignes excuser, mon cher ami, l'expression de l'incommodité de mon style et de mon ton !

Lettre 4-

Cher ami,
Je suis navré que tu sois navré par la réception de ma brève et courte correspondance. Je suis également navré de savoir que tu sois resté sur ta soif de savoir si l'humanité va s'effondrer ou pas. Cependant, il est de mon devoir de te dire ce qu'il faut et non ce qui est apte á plaire quand toutefois cela ne l'est vraiment pas. Il n'est pas de mon ressort de parler juste pour plaire aux gens dans l'intention de calmer leur douleur.

Pour être franc, l'humanité ne va pas s'écrouler, ce serait entre autres, beaucoup trop facile. Votre humanité est l'humanité la plus anxieuse, ambitieuse, orgueilleuse et la plus intelligible, elle a l'énergie nécessaire pour surmonter les obstacles et les matières nécessaires pour résoudre n'importe quelle équation, alors calme- toi et détend toi un peu. Le stress et l'émotion n'ont jamais rien résolu sinon qu'enfoncer beaucoup plus le clou du grave et imminent danger que représente l'incompréhension.

J'ai bien compris votre angoisse, cependant, J'ai un léger problème par rapport á ton grand problème, car j'ai aussi mal compris que tu as mal compris, le fait que je te conseille de te préparer au pire et d'espérer quand même le meilleur.
Ce que j'entends par là et que je voudrais que toi tu entendes également, c'est que tu dois t'armer de courage afin de te préparer á toute éventualité, car dans ton

monde, ce qui arrive, n'est que le commencement, le pire est encore á venir. Et saches bien que dans ton monde foncièrement nucléarisé que tout, vraiment tout de mauvais est possible. De plus, tu n'as pas à t'excuser d'une quelconque incommodité du style dans l'écriture, car nous autres, des espèces à part, sommes au plus haut point substantialistes et pas trop formalistes. Même si je sais que la ***substance a besoin de la forme pour être de la tête aux pieds complète, de même que la forme a besoin du contenu pour se constituer et se soustraire du vide dont elle fait l'objet en dehors de tout contenu ou substance. Mais en ce qui a trait à tes correspondances, elles conjuguent à la fois, forme et contenu, mariage ô combien parfait***. Donc tu n'as vraiment pas à t'en faire, homme spécial *!*

Merci déjà de ta compréhension !
Ton ami, de l'autre bout.

Lettre 5

Cher ami,

Je te remercie de m'avoir donné cette fois-ci, une explication plus ou moins claire de ce que j'attendais. J'ai pu enfin respirer de savoir que mon petit monde adoré ne va pas globalement effondrer.

Cependant , mes inquiétudes n'ont guère été complètement dissipées , Car si toi qui as le pouvoir de tout voir du lieu où tu es, de tout comprendre, de tout pressentir et de tout prédire, me demande d'être courageux, ce n'est que parce que tu sais bien que les choses vont davantage de mal en pis. Je suis désolé de te le dire, mais ton franc parler, m'a encore une fois ébranlé, et me force du même coup à me questionner sur un certains nombre de questions, comme : qu'est-ce qui va encore se passer et continuera donc de s'imposer néfastement pour les humains dans le monde. C'est là encore une question grave émanant d'une préoccupation encore plus grave. Lorsque tu as eu l'aisance de m'affirmer assez sereinement que ''dans mon monde, le pire est à venir'', et c'est tout-à-fait vrai, parce que nombre de mes frères continuent encore de faire voile vers l'orient. Triste réalité ! Mais que pouvons-nous constater d'autre, quand surtout dans notre pauvre petit monde la rage d'une pandémie insaisissable continue de semer encore le deuil à tort et à travers, dans la grande famille humaine.

En tout cas, merci cher Ami ! Daigne excuser ma sensibilité à fleur de peau pour ma seule et unique race qu'est la grande Race humaine.

-Réponse venant de l'autre bout

Lettre 6

Cher et adorable Ami,

Il ne faut donc pas t'en excuser, saches bien mon frère, que je remercie les forces du cosmos de t'avoir me donné comme frère venant d'une autre planète autre que la mienne. Tu n'es certes pas de ma race, mais je t'aime et je suis en effet, de toi, on ne peut plus fier. Car tu as osé oser ; et pour poser un tel acte, il faut bien avoir du cran. Tu es un homme sensible et ta grande sensibilité dévouée toute entière à la cause humaine ou au bien de l'humanité toute entière, te rend tellement grand. Encore grand et plus grand encore que ceux là qui s'amusent à détruire malhonnêtement la nature et tout ce qui la constitue et par là, dénaturent la nature même de l'humanité. Ils paieront de leurs vies, ces actes horribles. Crois-moi, petit frère ! Ils les paieront très, très chers, ces merdeux imbéciles.

Dans tes derniers écrits, tu m'as dit que j'avais l'air de sous-estimer l'ampleur de ce qui est en train d'arriver dans votre monde. Je te comprends bien et tes dires sont aussi clairs que l'éclair, mais ce que toi, tu sembles oublier, c'est bien ma dimension cosmico-mystique. Sous le coup de l'émotion, tu me réduis à une dimension souvent humaine et trop humaine si j'ose dire, sous-tendant que je devrais avoir les mêmes réactions que toi en commentant une situation humaine. Pour ton information, saches que, je n'ai pas sous-estimé, mais j'ai essayé de recadrer une chose à laquelle ta peur a donné bien de bonne foi, une toute autre portée.

Merci de ta compréhension, cher ami, espérons que nous continuerons à nous échanger, afin que je puisse t'aider du mieux que je peux à trouver la lumière de la lumière sur ce fléau qui ne cesse de hanter ton esprit et t'inflige un mal autant psychologique que physique.

Ton Ami de l'autre bout.

-Lettre 7

Cher ami,

Mon bon et admirable Ami, merci pour les compliments venant de ta part, je dois admettre que je les reçois avec sérénité et beaucoup de modesties, car je sais qu'ils sont en effet, vrais. Des spécimens tels que toi, ne mentent pas pour plaire ou plutôt pour déplaire à l'instar de quelques inauthentiques humains superficiels et pervers, mais s'accordent plutôt à faire de la véracité leur principale boussole. N'en déplaise aux humains qui sont pour la plus grande part hypocrites et menteurs, toi, n'étant pas humain tu es d'une âme plutôt pure et authentique. Autrement dit, tu es une espèce rare et à part, et maintenant je sais que tu portes ton nom à merveille : «Spécimen à part »…

S'il faisait beau temps, je me réjouirais d'avoir trouvé ta grâce. Mais comme le temps est mauvais et beaucoup trop inquiétant et que l'avenir est compromettant, je ne peux m'en réjouir ; vois-tu, ma planète est en péril, mon cœur est lésé, il est en plein désastre parce qu'il a surtout peur pour le sort de ses pairs. L'angoisse et la détresse ont envahi mon être et j'ai peur. Rien que parce que j'aime mon monde et que je ne puis supporter le fait que le malheur s'acharne et s'abat autant sur lui. Je paierai même au prix de ma vie le simple fait de le voir fonctionner autrement. C'est-a-dire dans l'amour vrai et la paix, hélas ! Mais peu importe, je ne supporte pas la moindre idée et le simple fait, de le voir mourir à petit feu, cela me tue sans nul doute à petit feu.

Cher frère, tu n'es pas à ma place, mais tu peux voir comment le virus est tenace et comment la mort, stupide et cruel phénomène nous fait la grimace. Le monde est bien un livre ouvert surtout pour toi et toute ton espèce à part si je n'exagère pas.

D'où tu peux à l'instant voir, comment y vivre et comment sera le temps à venir et le temps présent. Ce n'est pas du jeu. Tout comme moi, tu peux maintenant voir que la vie sous mon soleil, fait très mauvaise mine.

Je t'en remercie !

Ton grand ami, le fidèle humain.

-Lettre 8- réponse venant de l'autre bout

Cher Ami,

A défaut des autres grands devoirs cosmiques, je me réjouirai toujours de recevoir tes correspondances toujours fondées sur des bases proprement humaines. Je suis fier de toi et pour tout te dire, j'admire bien ton grand sens humain. T'es un humain beaucoup trop humain si je puis me permettre de dire.

Cependant, il t'arrive certaines fois de te laisser terrasser par les grands problèmes de la vie. C'est compréhensible, tu es humain et tu ne pourrais pas agir autrement que de la sorte. Mais ce que tu sembles oublier ou peut-être ne pas savoir, c'est que ton monde a déjà surmonté nombre de difficultés, il a déjà survécu à beaucoup de grandes pandémies. Ne te laisses pas noyer dans la détresse ! Ne te laisse pas sombrer petit frère ! Reste fort et fais donc tout ce que tu peux pour aider toi-même et tes frères. N'oublies donc pas que c'est vous, vous-mêmes les humains, qui avaient réussi à faire de grandes découvertes. C'est vous également qui aviez pu réaliser de grandes inventions et qui plus est, c'est vous qui avez réussi avec vos idées et vos mains, à tout faire et à bien bâtir ce monde qui est en tout et pour tout le vôtre. Autrement dit, le grand palais de l'univers bien entendu avec le support des spécimens à part, tels que moi et mes semblables ; ça, on ne peut l'oublier ou ne pas le pas mentionner parce que dans nombre de cas, nous autres, avons aidé l'intelligence humaine à être plus forte, plus productive et productrice. Dans ce sens l'être humain est un ''***intégral positif***'', même s'il ne faut pas oublier qu'il est en bien des choses un ''***intégral négatif***'' également. C'est donc là un profond paradoxe. L'être humain est fou et sage en même temps par et à travers ses actes ; il se tiraille entre la sobriété et une constante ébriété du comportement...je vais donc te démontrer en quoi est-il un intégral positif et en quoi également s'avère t-il un intégral négatif.

L'homme, l'intégral positif : l'homme est bien en quelques sortes, la mesure de toute chose ; maitre de lui-même, fils de la nature. Ce n'est pas à lui de dominer la nature, mais tout au contraire de s'harmoniser avec.

Il n'ya pas comme toi, homme

Il n'ya donc pas comme toi, homme. Toi qui es le principal représentant de Dieu sur terre, toi qui es le donneur de vie, toi qui a instauré et inventé la science. Il n'ya pas comme toi, toi qui es le maitre du monde, de ton monde. Oui ! Toi qui as fait la révolution intellectuelle et industrielle. Toi qui as crée l'école, la réligion, la culture etc...

Il n'ya pas comme toi, homme, toi qui as fondé la société avec les normes, les principes, les règlements et autres. Toi, qui as crée la technique et la technologie, toi qui as cultivé les jardins et réalisé les grandes cultures, Enfin il n'ya pas comme toi, toi qui se fait passer pour des héros afin de défendre ta patrie qui est la terre et ton drapeau qui est la liberté ; il n'y a pas comme toi, toi qui crois en la puissance de la parole et qui établit des et des protocoles...

Je pourrais en dire plus, mais arrêtons-nous ici pour effleurer brièvement mais profondément ce qui fait que l'être humain soit aussi et surtout un intégral négatif.

L'homme, un intégral négatif,

L'homme est en conséquence et pour cause un intégral négatif, parce qu'il est une intelligence qui détruit et se détruit en même temps. A force que son intelligence est quasi sans limite, il devient dangereux et prend des décisions au plus haut point suicidaires…

Loin de toute autre considération d'ordre céleste, vous pouvez vous-mêmes trouver des solutions adéquates à chacun des problèmes qui s'imposent à votre univers. Soyez seulement plus intelligent dans nombre de cas et plus fort courageusement parlant que jamais afin de pallier à de si catastrophiques situations!

Bonne chance et bon travail cher frère de l'autre race !

-Lettre 9

Cher ami,

Comment ne pas être terrifié quand lorsque je considère que sur ma planète, la vie est en train de mourir d'instant en instant ? Comment ne pas avoir peur quand je sens que ma planète est en train elle-même de se faire tuer par tout ce qui se passe ? Et comment ne pas avoir peur du futur, quand le présent nous offre de si mauvais présage, comment ? J'aimerais bien savoir pourquoi et comment faire pour ne pas avoir affaire à la terreur ?

Tu sais bien combien est-il grand, mon amour pour ma planète. Nous n'avons pas d'autres endroits où nous les hommes, pouvons habiter si facilement. Si la mère nature nous a donné cette planète pour y résider durant notre séjour sur terre. C'est parce qu'elle trouve que notre monde, notre planète est la meilleure qui soit, et notre monde comme a dit l'autre, est le meilleur des mondes possibles(Leibnitz). Et de ce fait, j'ai vraiment peur. Et ma plus grande peur réside également dans le fait que nous sommes la plupart du temps, dirigés par des individus cupides, stupides et beaucoup trop avides de gain, de pouvoir et de toute sorte de puissance. Je crains que ce soit leur haine qui soit la cause principale de notre déchéance en tant qu'espèce intelligible et privilégiée.

Cher ami, dis-moi que dans ma réflexion, je fais fausse route ! Dis-moi que je suis très loin de la vérité dans tout ce que je suis en train de penser. Dis moi que je pense l'impensé et par là, je n'échappe point à l'impensable. Dis-moi que la haine interhumaine n'est pas à même d'envoyer une stupide énergie négative qui soit-elle même, à même de propager des virus capables d'exterminer la race dans son entièreté. Dis-moi, cher frère, je t'en prie !

-Lettre 10 -Réponse venant de l'autre bout…

Cher Ami,

Je comprends ta situation et je comprends également tes inquiétudes. Pour être sincère, je n'aimerais pas être à ta place. Il est plus que clair que tu aimes d'un amour indéfectible ton monde et que tu te préoccupes plus que tout, de la survie de ta planète ; cependant tu dois savoir que ton monde, je veux dire le monde des humains est fait de crimes, il a été construit sur de terribles massacres interhumains ; son histoire est écrite avec du sang.

Sans vouloir détourner ou diminuer ton grand amour pour ton grand et joli monde, me soit-il permis de te dire que ta planète est la planète la plus dangereuse parmi toutes les autres planètes existant. Elle pourrait être la plus douce, la meilleure, mais vous les humains par votre cynisme, vous avez tout boursillé. En agissant à tort et à travers, vous avez tout mis de travers…et tu avais bien raison de dire que vous êtes mal dirigés par des mauvais dirigeants. Ils sont très inscrupuleux et fort malhonnêtes, ces polichinelles de politiciens qui passent toute leur vie à faire de la politique politicienne.

Et pour en finir, car je suis aujourd'hui plus pressé que d'habitudes, tu ne t'es pas trompé dans ta réflexion précédente. C'est la haine interhumaine qui propage à l'échelle des continents qui devient depuis bien des jours une contamination à grande échelle ; et qui aujourd'hui et depuis des centenaires, tue les générations par millier. Que c'est pathétique ! Et saches bien mon ami, que ''***les plus grands virus, ce ne sont pas ceux qui contaminent et tuent dans un moment donné, mais plutôt ceux qui découlent de l'énergie négative venant de vos cœurs ; la haine entre frère, est le virus le plus mortifère. Elle est plus que fratricide*** ''.

Ton monde est une tragi-comédie. En d'autres termes, le monde est le grand théâtre des luttes intestines, d'horreurs sans borne et mille et une fois sans pareil…

A plus cher ami, je te salue !

-Lettre 11

Cher ami,

C'est avec consternation que j'ai reçu ta dernière correspondance. Je sais que mes frères sont ambitieux, rancuniers, grand challengers, mais je me doutais qu'ils soient autant haineux et que leur haine soit fort au point de pouvoir lui enlever la vie en annihilant la seule planète qui est faite pour que lui et ses pairs habitent-cohabitent sans danger insurmontable et in-surmonté. Mais pourtant je m'étais me semble t-il, lourdement trompé.

Ce dernier message reçu de ta part me laisse on ne peut plus perplexe quant à l'avenir de la planète. Maintenant, je ne sais pas si jamais on va savoir vraiment à quel saint se vouer. Ma peur augmente de plus en plus, le monde est devenu de plus en plus dangereux pour moi du fait que l'homme par rapport à sa haine qui est un grave et mortifère virus pour son propre frère de même race et de même planète, quel terrible dilemme !

En dépit de tout, je sais qu'on peut encore faire confiance à quelques grands scientifiques, qui ont sû quoi faire pour nous donner réponse nécessaire quand surtout les situations nous dépassent et que les problèmes nous donnent du fil à retordre.

Ces derniers se sont toujours donné corps et âmes dans des luttes sans merci afin de répondre aux problèmes humains. Ces derniers là, je les fie, et je n'ai d'autre choix que de les faire confiance. Car la science faite avec conscience est le guide de l'humanité ; consciencieusement, elle se devait d'être notre boussole.

-Lettre 12- venant de l'autre bout

Cher ami et petit frère humain,

Songe bien mon cher que la science pourrait être le guide suprême de l'humanité à mesure qu'elle ne se dérive point ; et reste bien au stade et à la place que la nature lui a été confiée. Cependant la tournure que prend la science ne donne pas bon signe quant à l'avenir de la planète…la science est en train de se dépasser, et ce dépassement de la science est terriblement dangereux pour la survie de l'espèce humaine. Elle fait des choses qui vont à l'encontre de la vie, de la santé de la vie voire de l'existence même de la planète. J'ai cru lire que tu as dit d'aller faire confiance complètement à la science, et je persiste et signe que c'est pour ton grand malheur et aussi pour le malheur de ta race entière. La science a dans les yeux de plus d'un de ta race une portée beaucoup trop utilitariste. Elle est instrumentale et elle au centre de presque toutes les formes de domination terrestres. C'est grâce au développement de la science que nous avons presque tout ce qui est bon, mais aussi ce qui est mauvais, telle une arme à feu par exemple. Pourquoi une telle invention ? Pour que les humains se protègent contre les dangers qui rodent autour d'eux, serait la réponse la plus appropriée. Mais se protéger contre qui et enfin contre quoi ? Sinon que contre lui-même et ses pairs. Paradoxe ou contradiction ? Je serai curieux de savoir si l'être humain, n'est lui-même pas le fabricant de ses propres dangers qu'il se met autant à se préparer contre.

En dehors de toute tentative d'éclabousser ce chef d'œuvre de l'homme qu'est la ''science'', oui sans vouloir réaliser une mauvaise propagande ou une malhonnête campagne de dénigrement contre la science et contre la technologie qui n'est autre que son prolongement ; je défie un humain de me dire que ce n'est pas la science qui a détruit les deux grandes villes japonaises lors de la dernière guerre mondiale (Hiroshima et Nagasaki). Qui donc sont derrières les armes de destruction massive, sinon certains scientifiques de mauvaise foi ? Qui donc a mis sur pied des centres nucléaires ? Qui donc a crée des armes chimiques et enfin qui donc a conçu et réalisé des armes biologiques, bactériologiques, si ce n'est qu'une poignée de scientifiques regroupée sous le dénominateur prestigieux de « communauté scientifique de recherche » ou « communauté de savant »...

Et pour tout te dire cher petit frère, les armes biologiques sont ceux qui sont et ont toujours été à l'origine de toutes les grandes pandémies de l'humanité, alors mon ami, mon cher bon ami, vois tu qu'il n'ya vraiment pas lieu de croire en ces types de personnes beaucoup trop tributaires de leur honneur et de l'argent tout en ne se souciant guère des conséquences néfastes de leur recherche sur l'humanité entière.

Méfie toi donc, Ami !
Dis-je mon bon et sensible ami !

En bonus, je me permets bien de t'offrir cette petite réflexion sur la science et ses différentes facettes, c'est un texte intitulé : ''croire en la science '' dont je me dois de te gratifier certains fragments ...

Croire en la science

Croire en la science,

Croire en ses utiles recherches et conscience

Croire en sa foi et dans ses croyances fondées sur la vérité

Croire en sa volonté qui est parfois synonyme de raison

Croire en sa raison qui est savoir et son savoir qui est fondé sur l'observation et l'expérimentation à la fois...

Croire en sa raison, mais n'oublie pas que la raison

Elle-même, a sa propre déraison

Croire en sa prétention d'accéder à la vérité

Croire donc en sa progression constante dans l'élimination progressive des erreurs dans les démarches à prétention scientifiques

Croire en la science, croire en sa constance

Croire en son jeu de la vérité et de l'erreur

Croire en sa progression constante

Croire en sa religion fondée sur la prétention d'améliorer la vie sur terre, mais qui se révèle fort nuisible à la santé de la vie

Croire en ses efforts de développement personnel et social

Croire en ses lumières éclairantes, mais songe bien que sa lumière peut être dangereuse, quand surtout elle éclaire beaucoup trop...

La lumière de la science est trop brillante, donc elle devient brûlante. Méfies-toi ! Dis à tes frères humains de s'en méfier !

Croire en sa foi de transformer la nature pour la rendre en moderne société, en gratte-ciel et en des choses foncièrement superficielles et en sociétés industrialisées et industrielles. Ce qui en toute conséquence, est une grave inconséquence. Et pour cause, ces mauvais progrès luttent contre le progrès humain naturel, sanitaire, culturel au sens le plus culturel du terme.

Croire en la science, croire en son avidité de maintenir par tous les moyens, le progrès social…

Croire en ses vérités, en ses prétentions de vérités, mais sois attentif à toutes ses farces…

Croire en sa volonté de maintenir la vie pendant qu'elle travaille à la détruire maints et maintes fois…

Croire en son amour pour la vie, mais croire en ses différentes astuces pour soutirer de l'argent grâce à la mort de la vie

Enfin croire en la science, croire en son empire, croire en son grand pouvoir, croire en son charisme, en son autoritarisme de faire ,de refaire et de faire et de défaire pour l'humanité et au nom de l'humanité

Croire en la science, croire en ses utiles et parfois nuisibles et pathétiques recherches.

Croire en sa bonne foi, mais n'oublie pas qu'elle peut aussi être de très très mauvaise foi…

-Lettre 13-

Mon cher frère et grand conseiller,

Je reconnais que j'ai vraiment exagéré dans ma dernière correspondance en oubliant sans en apercevoir de mentionner ce que l'un de mes frères humains a dû mentionner à un moment donné, à savoir que : ''la Science sans conscience n'est que ruine de larmes''(Rabelais). Il y a vraiment des scientifiques qui n'ont aucune conscience et qui plus est, se sont trouvés en position de décider pour l'espèce, en ce qui a trait à la protection même de l'espèce ...quel triste paradoxe !

Certains sont encore de bonne volonté naturellement ; et fort justement, on ne peut certainement pas tous les blâmer, les culpabiliser voire les diaboliser. Mais en toute réalité, tu as tout-à-fait raison, je me suis encore berné sur mon espèce. Maintenant il ne me reste qu'à m'apitoyer sur ma grande déception, mon espèce ne me donne vraiment pas moyen de la défendre. Il ya toujours des zones d'ombres, toutes ses perspectives sont ténébreuses. C'est le comble !

Maintenant dis-moi ! N'ya -t-il pas une possibilité de sauver la planète et l'espèce humaine ? Cher ami, va donc demander à la lune, demande à ses astres brillants ! demande pour moi au soleil, demande pour moi aux étoiles célestes, dont toi tu en fais partie certainement, je t'en conjure !

Dis-moi quoi faire et à qui l'espèce humaine peut-elle enfin se confier ! Dis- moi, cher frère et conseiller, je t'en conjure !

-Lettre 14- Réponse venant de l'autre bout –

(Sur la dangerosité du monde).

Cher frère terrien,

Comme j'aimerais pour soulager ta grande frayeur te dire, que tout va et ira à merveille pour l'humanité mais malheureusement, ce n'est horriblement pas le cas. Votre monde a toujours été depuis quelques temps un espace de grande malédiction cautionné par vous-mêmes, par votre grande faculté de « pensée ». Autrement dit, il est un foyer virulent de propagation de toutes sortes de contagion stupides et funestes pour le genre humain.

Autrefois, il faisait tellement bon de vivre sur ta planète, les autres espèces non terriennes, vous ont mêmes envié, car ton monde, ta planète était vraiment le meilleur. Mais ce n'est plus le cas aujourd'hui, ce n'est plus le même cadre figure. Au contraire tout se dégénère, au point que les autres espèces vous tournent en ridicule parce qu'ils voient que vous êtes vraiment ridicules. Vous n'êtes en réalité pas bête comme chou, mais il est des cas où vous semblez être plus bêtes que la bête. Vous vous détruisez vous-mêmes, et seuls les idiots font des choses qui vont à l'encontre de leur sécurité voire de leur survie. Mais cela fait déjà plus de deux millénaires que ton monde a laissé tout filer par la faute d'une minorité d'insensés qui se prend ,s'autoproclame , les seuls maitres et possesseurs de tout ce que renferme le monde au grand détriment de la grande majorité silencieusement silencieuse…laquelle est dans son silence funeste , au plus haut point complice.

Ils établissent des injustes lois pour agir subtilement, arbitrairement et très souvent très méchamment. Ils créent les normes, maintiennent les lourdes contraintes et tout cela pour manipuler et diriger les plus faibles, quelle supercherie !

Pardonne-moi de te le dire, cher frère, votre monde est une boucherie, une véritable jungle où les plus forts dévorent à belles dents, les plus faibles…

Ton ami et frère, spécimen à part …

-Lettre 15

Cher frère, et grand ami d'une autre espèce et d'un autre bout,

Je sais que pour les humains, le compte à rebours a longtemps été lancé. J'avais déjà sû que l'on vit déjà depuis quelques temps, dans un monde où il ya guerre constante, car chaque nation se connait être la meilleure et par là veut dominer l'autre qui est lui-même, un frère, une sœur. Je sais aussi bien que ‘' ***dominer*** ‘' est bien aujourd'hui et depuis quelques temps un très grand métier. Tout le monde veut dominer tout le monde, et ce, sous toutes les formes possibles : morale, physique, intellectuelle, matérielle, spirituelle et autres…tout le monde veut manipuler tout le monde. C'en est bien là, le gage fondateur de la « **décivilisation** » de l'humanité. Nous sommes tellement civilisés que nous nous décivilisons nous-mêmes par notre *EGO* surdimensionné, nos fausses fiertés et nos orgueils sordidement démesurés. Ceux-ci ne peuvent que nous conduire à notre perte, notre chaos total.

Mais en ma qualité de fidèle terrien, je suis issu et je vis encore aujourd'hui dans une partie du monde qu'on appelle par constat ou par discrimination malhonnête : « Quart monde », expression désignant des pays qui, en particulier n'ont accès ou sont dépourvus d'infrastructures quelles qu'elles soient, soit dit en passant, qui sont les demeures honteuses de la pauvreté matérielle et morale à la fois…

Dans ces genres de société où chacun pour soi et le sacré pour tous ou encore pardonne-moi ce langage grossier « chen manje chen », la menace est réelle, le danger qui nous guette est imminent, le grand malheur se pointe à l'horizon ; et c'est quasi la mort de la vie. Ne me dis pas que mes frères de ces bouts de terre, je veux ici ré-souligner et illustrer notamment une grande partie de l'Afrique noire à l'exception de Rwanda, Botswana, Nigéria, Ghana et quelques autres qui ont multiplié des et des efforts pour échapper à cette pauvreté meurtrière. Une grande partie de l'Amérique latine, quelques pays de la caraïbe dont Haïti est l'exemple le plus probant et vivant. Et plus encore, une grande partie de l'Asie, (moyen orient, proche orient etc.)

Dis- moi donc pour ces parties susmentionnées qu'arrivera t-il ! Dis- moi, cher frère et ami, qu'adviendra t-il pour Haïti, ce pays qui est dépourvu de presque tout, vraiment de tout en matière d'infrastructure et autres. Oui Haïti ! Ce beau et autrefois, fier pays, que les merdeux ont jeté dans la merde ! Dis moi donc cher ami, que le virus ne va pas aggraver la plaie se trouvant depuis déjà plus de deux siècles sur le dos de ce pays qui s'écroule et semble veut s'effondrer à chaque instant…dis moi, cher ami, je t'en prie !

Ton cher ami,

Depuis les recoins appelés quart monde de la terre …

-Lettre 16 – Réponse venant du spécimen à part

Cher et bon ami,

Je connaissais déjà là où tu étais et là où tu vis encore, c'est un bon pays qui est encore vierge. C'est un espace sain, et à vrai dire, Haïti est l'un des espaces potentiels pour l'humanité entière. Il est bien, en effet, le centre de la terre si je puis me permettre. En d'autres termes, c'est une terre enviable et enviée par certains frères et sœurs de nation. Sa grande misère matérielle est la conséquence de nombreuses inconséquences de ses mils et un dirigeant qui sont bêtes et stupides. Sans oublier cependant l'expiation étouffante dont Haïti a toujours fait l'objet. Haïti est stigmatisée, boycottée, expiée et piétinée afin d'être mieux étouffée, rien que parce qu'elle n'avait aucunement le vilain et l'arrogant droit d'inculquer à l'humanité la sévère leçon morale de bannir en tout et pour tout, l'esclavage sur son territoire en Amérique. Oui ! Mettre définitivement fin à un système hautement et terriblement inhumain qu'était '' l'esclavage''. Laquelle légende ayant été réalisé par la légende DESSALINES Jean-Jacques. L'une des plus grandes légendes jamais réalisées dans l'histoire de l'humanité de tous les temps. Ce DESSALINES, était un vrai génie, un être ordinaire qui était doté d'un pouvoir vraiment extraordinaire.

Revenons au sujet urgent, pour ce qui concerne le tiers ou pour dire plus justement ce qu'on appelle le tiers ou quart monde, il va s'agir des « assistances » qui peuvent parfois être mortelles et d'autres qui seront faites de bon cœur. On ne peut pas se permettre d'acculer, d'incriminer tous les habitants de la planète attestant qu'ils sont tous habités par le démon. Il ya encore de bons et braves gens qui vont devoir et vouloir aider de bon cœur, de la bonne manière et pour la bonne cause. Toutefois faut-il admettre que ces gens là, sont en général, de la plus petite minorité qui soit. Et rappelle-toi bien, mon cher, que vous les humains, vous êtes bien dans une course contre la montre, où chaque seconde compte de la plus importante et la plus prompte des manières…

Portes toi bien et sois donc sobre et sage !

Entres autres, j'allais oublier de te dire que Haïti ou encore tout l'espace caribéen a le grand, l'honorable privilège d'avoir a sa disposition régulière, le plus grand, le plus constant, et le plus brûlant et brillant soleil au monde. C'est pourquoi les haïtiens en particulier et les caraibéens en général, ont une chance de s'en sortir, car le soleil est un puissant antidote. Il combat tout : les bactéries, les virus etc….somme toute, ce privilège est singulièrement salutaire…

Lettre 17 :

Cher ami et grand frère,

Je sais bien qu'on vit un moment intensément dangereux et inhumain, peut-être même le moment le plus dangereux de toute l'histoire de l'humanité. Cela va de soi que cette pandémie va faire proliférer mille fois de plus, l'égoïsme et la désolidarisation entre les humains avec d'abord la fermeture des frontières. Les frontières étaient déjà fermées pour nombre de mes frères humains, et cela d'une manière ou d'une autre. Et en plus, cette mise en quarantaine voulue et le plus souvent forcée qui s'établit de plus en plus entre les familles humaines. La liberté a toujours été un joli leurre, mais maintenant cette réalité qui nous a longtemps été masquée saute à nos yeux, nous sommes aujourd'hui bien enchainés tout en étant soit disant, en pleine liberté à cause de cet horrible fléau. ***Liberté emprisonnée, existence empoisonnée !***

Il est de toute évidence que cette forme de peur de l'autre qui s'aggrave de plus en plus au sein de cette humanité qui était déjà déchirée par les milles et une guerre ne va pas ne pas avoir de conséquences graves et néfastes sur la santé même de la vie. Tout compte fait, que ce qui est dur et angoissant en même temps avec le ''coronavirus'' ce n'est pas le fait d'attraper le virus, mais le stress et la peur qu'il nous inflige et la désolidarisation qui en découle, qui sont sans aucun doute des virus encore plus graves et plus mortifères que celui de la covid 19.

En vérité, je crains que la vie ne revienne plus jamais encore à la vie. Elle était déjà dévitalisée par les avides, et très mal-vécue par les méchants qui n'ont raté jamais l'occasion de lui mettre des bâtons dans les roues. Cette fois-ci, elle est vraiment à bout de souffle, peut-être qu'elle va définitivement capituler avec ses gentils et innocents de fils .Qui sait ! J'ai moi aussi pensé un petit texte sur la situation de la vie, où j'ai vu que le sang de la vie exige de la dialyse, ainsi, me soit-il permis de te soumettre quelques de ces quelques beaux fragments.

Sur les reliques du monde cadavérique

Le ciel du monde marque le chaos

Les ronces prennent la place des roses

Et sur les murs humains s'écrivent de la catastrophe

Au moment même où l'auteur produit, ces malheureux strophes

Et nombre de gens malheureusement, s'apostrophent…

L'ouragan de la haine se déchaine

Par une chimère qui s'enchaine

La vie se voit désormais, propulsée dans les inhumaines chaines

Et le cœur de l'amour se noie dans les peines…

Ce fléau qui, tout paralyse

Où même le sang de la vie exige la dialyse

C'est définitivement l'apocalypse

Car la vie elle-même s'éclipse

Ce moment effrayant est tragique

Et le grave danger qui nous bouleverse est épique

Le monde à présent est cadavérique

A l'instant, les gens pleurent sur ses reliques

Ses prétendus maitres sont trop tyranniques

Du fait de leur mentalité inique et cynique...

Les interventions sont démoniaques

Ce n'est plus la manifestation du diable

Mais la puissance de la haine inaltérable

Exercée fort longtemps par des dangereux maniaques...
Sur les reliques du monde cadavérique...

En effet, Tu as longuement parlé d'Haïti, j'attendais que tu parles également de nos « LAKOUS » qui sont puissants mystiquement, et des « LOAS » qui sont toujours là pour nous aider et protéger lors des moments catastrophiquement difficiles. Certains parlent de « terre prophétique », attestant que la terre d'Hayti, est une terre miraculeuse et prophétique qu'elle est bien la petite sœur d'Israël et que sur cette terre naitra dans un temps non lointain, de grands miracles et de grand renversement et bouleversement sans oublier qu'elle serait la grande civilisation Atlantide qui a été longtemps disparue ... qu'en penses-tu ? Et qu'en dis-tu de ces propos qui peuvent paraitre démentiels à ton entendement ?

J'attends donc ta réponse sur ces affirmations concernant la terre soit disant sacrée qu'est Hayti.

-Lettre 18-Rep. Venant de l'autre bout

Cher Ami,

En effet, mon bon ami, cette horrible pandémie ne va certainement pas ne pas avoir de conséquences graves et dangereuses sur la santé même de la vie. En revanche, la vie comme principe sacré, existence et réalité concrète ne va pas mourir et ne va jamais capituler. Cela ne peut pas et ne va pas se faire. Et je tiens cette vérité évidente par elle-même. Donc dans ce cas, tu n'as vraiment pas à t'inquiéter autant ! Cependant en ce qui à trait aux grands et fameux « **Loas** » d'Hayti, ainsi que les miraculeux soit disant « **Lakous** », laisse moi te dire que s'ils sont puissants et si miraculeux, j'en ignore. Et heureusement je n'ai pas cette mauvaise habitude de tergiverser sur un sujet que je ne maîtrise vraiment pas. Laissons cela aux imbéciles qui pensent qu'ils savent tout et passent tout leur temps à spéculer sur des sujets qu'ils ne saisissent même pas le quart de l'essence véritable et fondamentale.

Cher ami, je suis bien au regret de t'annoncer qu'on ne fait et ne protège aucun pays avec soit disant, ces puissances dites « mystiques ». On n'a pas besoin d'être grands- clairs et super intelligents pour arriver à bien comprendre que nombre de ces dires sont relevés de la superstition populaire, des croyances trop souvent absurdes, et des imaginations faciles. N'écoute point ces types de rumeurs, car elles sont dangereuses.

Ainsi, puis-je me permettre de poser à moi-même ou si tu permets à toi-même, la question suivante : où étaient-ils, au moment du ***grand séisme dévastateur du 12 janvier 2010***. Et comment ont-ils réagi face au fléau du cholera qui ravageait ce petit pays au lendemain du séisme, lequel fléau a été causé par les salauds de Népalais qui ont fait « caca » dans un fleuve desservant les départements de l'Artibonite et environ...ils l'ont pollué parce qu'ils avaient la mauvaise habitude de détruire la nature en polluant les secteurs vitaux de la nature. Ils sont dédaigneux, ces derniers ! Les grands « **Lakous** » de l'Artibonite devaient empêcher cette pollution ou pour mieux dire, ils devaient empêcher aux citoyens d'être tombés sous le verdict dangereux de ce dangereux fléau. N'est-ce- pas vrai mon ami ? Et pour finir, comment une civilisation qui a longtemps été disparue peut-elle se permettre de réapparaitre, n'est-ce donc pas une absurdité de croyance ?

Je crois que oui ! Haïti, cette terre haute, cette terre montagneuse, est Haïti et elle la restera pour toujours on ne peut l'échanger pour une civilisation autre en la comparant à une civilisation qui a été fort longtemps disparue ...Cela me parait fort absurde !

Prend soin de toi, mon bon ami !

-Lettre 19- **A propos de l'apocalypse**

Mon cher Ami,

Cher et bon ami, il est une question dont je devrais longtemps t'en parler, mais les autres aspects de la question en question me tenaient plus de cœur que de raison. A considérer que ce monde devient un foyer intense de contamination, une région au plus haut point de contagion séculaire mortelle. Les gens sont depuis quelques temps sans défense, ni la prière, ni la science ne peuvent les protéger. Comme tu peux le constater, partout la mort frappe ; et de tels fléaux ne peuvent a être qualifiés autrement que ''d'horreur-absolue''. Les contaminations sont cruellement tenaces. Ces fléaux sont des traques planétaires ; ils bouleversent tellement notre quotidien qu'on se demande si notre fin n'est pas enfin, fin prête. Ces mortelles pandémies au plus haut point meurtrières, terrassent le monde ; et c'est allant de soi que nous sommes dans une course contre la montre où chaque seconde compte largement et terriblement …

Ainsi, me demanderai-je en essayant de te demander si nous ne sommes pas en train de vivre le terrible scénario de l'apocalypse, annoncé par la bible qui est considérée par plus d'un, comme le livre des livres, la sommité de l'histoire existentielle universelle. Peut-on croire à cette manifestation de la prophétie apocalyptique ou doit-on s'attendre à ce que la réponse soit penchée du côté des comportements iniques de l'humain vis-à-vis de lui-même et de sa race qui est sans conteste on ne peut plus toxique à la survie de la vie elle même.

Je vais donc devoir attendre ta réponse en essayant de réfléchir sur la condition humaine aux travers de quelques vers intitulé déjà : **''Un monde de problème, quel dilemme** ! ''

Ton très cher ami, le fidèle humain.

Lettre 20- spécimen à part

Cher ami,

Mon très cher ami et petit frère, je suis content de retrouver encore une fois et comme toujours, tes éloquentes et réalistes correspondances. Et comme tu sais déjà, j'en suis toujours très ravi !

J'ai toujours aimé ta grande compréhension des choses et ta sensibilité à fleur de peau pour ton espèce qui est l'espèce humaine ; mais soyons humains quand nous parlons des humains avec un humain ! Ne nous leurrons pas, nous sommes tous sous la pression du temps ! De ce fait, entrons dans le vif du sujet, afin de répondre aux intéressantes interrogations auxquelles nous nous sommes fixés sans pourtant perdre notre temps, même s'il faut parfois perdre du temps pour bien gagner du temps.

Dire que la bible est le livre des livres, c'est porter atteinte grave aux autres livres savants auxquels les gens ont sacrifié tellement de temps, d'énergie et tant d'autres investissements. Dire aussi qu'elle un tas de superstitions et de mensonges ou même un tas de ruines comme certains grands penseurs se sont évertués à le faire comprendre est tout aussi obscure. C'est-à-dire, la bible est un livre de croyance fondée sur la foi séculaire du christianisme et de la chrétienté. N'oublie pas qu'elle a été écrite par des humains et tout ce qui est humain comporte une part de faiblesses, de manquements et est gravement relatif à d'innombrables erreurs. Ce n'est pas du « ***deus sex machina*** », pour paraphraser cette belle et profonde expression latine. Autrement dit ce n'est pas quelque chose qui est émanée d'une autre galaxie, elle n'est pas tombée d'en haut. C'est pourquoi, les humains ont des raisons de croire, comme ils ont la foi pour raisonner également. Mariage parfait. croyance et raison peuvent s'unir pour apporter le meilleur ou le pire pour l'humanité tout dépend et dépendra toujours des humains et des circonstances.

''Croire et Savoir'' sont deux choses distinctes, mais le savoir est beaucoup plus important, ce qui fait qu'entre les deux, le savoir va l'emporter, ça ne veut pas dire que l'un va détruire l'autre pour avoir raison comme il en est de la nature égoïste de l'homme. A savoir, je dois détruire l'autre pour que moi, j'aie par tous les moyens, raison ; ma propre raison bien des fois. La croyance a sa place, de même que le savoir a largement sa place dans le monde vécu humain. Ils doivent cohabiter comme ils l'ont longtemps fait déjà depuis la nuit des temps pour sauver l'édifice social ; leur coopération est nécessaire voire indispensable. Le principe de coopération est un principe vital, tout a besoin de tout pour pouvoir bien fonctionner. La plante a besoin du sol de même que le sol a besoin de la plante. Ces types de rapport sont au plus haut point essentiellement existentiels.

.

Ce ***grand récit apocalyptique*** est un fameux poème épique où l'auteur s'avisa par son talent d'adresser à l'espèce humaine une belle et terrible imagination, un scénario horrible comme il en est aujourd'hui, des grands scénaristes des films d'horreurs d'Hollywood. C'est une œuvre littéraire, créée de toute pièce par un grand littérateur. Ce ***Jean*** là, avait beaucoup de talents, il faut être honnête. Il faut admettre vraiment que ce fameux Jean était un très grand poète et une belle plume, il a laissé une œuvre magistrale à la littérature mondiale, ce texte apocalyptique doit être vu et considéré comme un patrimoine commun de la littérature universelle.

Jean, écrivain talentueux, savait comment faire, quoi réunir, pour présenter une œuvre si gigantesque, si tragique à son espèce sous prétexte d'une prophétie qui aura à se réaliser des et des années après lui. Crois-moi cher ami ! Ce n'est qu'une œuvre littéraire au même titre que **''l'Enfer''** de DANTE (la *divine comédie*), les **''Dix Hommes Noirs''** d'Etzer VILAIRE, ce fameux poète et fin lettré Haïtien.

En revanche, l'écrivain littéraire, peut aussi être un écrivain prophétique, c'est allant de soi. Car la littérature est à bon droit, une arme de combat. Il peut se servir de sa plume, traversant le long fleuve de la littérature pour expliciter de fort belle manière à l'humanité, une chose qui lui a été révélée dans une vision quelconque. Et n'oublies pas que l'écrivain qu'il soit littéraire ou autre a bien une mission héroïque et pourquoi pas prophétique dans la cité.

En conséquence n'aies en donc pas peur et continues ta vie comme il se doit dans la droiture et surtout en ayant toujours la bonne volonté d'aider l'autre qui est à bien des égards ton autre « soi » et dis-toi, advienne que pourra !

Impatient, j'attends le temps, de prendre part à tes vers, car je suis persuadé que tu as comme ce *Jean de Patmos*, énormément de talents. A très bientôt, cher et admirable ami !

Lettre 21- fidèle humain

Cher ami,

Très cher ami, je t'en remercie largement pour ce bel et grand exposé. Tes grandes réflexions font toujours montre de laïcité et d'impartialité. Tu juges avec indulgence les affaires humaines. Tes lectures peuvent permettre à mes frères une forme ***''d'athéisme tranquille''***, ce qui n'empêche pas que je sois déiste tout en étant également pas totalement contre la religion, car je sais qu'au fond il ya bien un principe divin régissant les choses humaines sur terre…même si les choses me laissent penser le contraire. C'est évident qu'il ya un **Dieu** voire **des Dieux** coiffant les choses sur terre que ce soit en bien ou en mal. Car en effet, si l'homme est l'être de la ''***capabilité finie***'', Dieu est l'être de la ''***capabilité infinie***'' de celle qui sont et de celles qui ne sont pas. Lui , il a tout créé même le mal pour nous faire rougir. Et me semble-t-il qu'il est bien content d'entendre nos interminables gémissements sur son soi disant trône…il aime me semble t-il, la misère et les crimes qui prolifèrent sur notre maudite terre, qui sait !

Ainsi me soit-il permis de te faire part de ce poème relatant la vie, autrement dit, le déroulement des comportements sur terre dont l'intitulé est : « Un monde de problème, quel dilemme ! »

-Un monde de problème, quel dilemme !

On vit dans un monde de problèmes,

Là où la méchanceté est extrême

La vie est un eternel carême

Où les humains sont presque tous les mêmes

Quel dilemme !

La vie est chargée de problèmes

Tous les jours, il ya des pleurs,

Mais également du plaisir

Par contre il n'y a pas de vrais plaisirs

Puisque même les rires, sont aussi des pleurs...

En effet, il vaut mille fois, mieux rire que de pleurer

Puisque quand on pleure,

On fait pleurer et attrister les gens qui vous aiment.

A tout un chacun ses problèmes particuliers

Pendant que chacun a ses atouts singuliers.

Le monde est rempli de souffrances

Ce qui fait que tout le monde cherche de la jouissance

Pourtant le monde est une question de provenance

Et de partance,

Aujourd'hui tu pars à jamais et je pleure

Or moi, je partirai demain à mon heure

Lui, il partira le surlendemain

Parce que ce sera bel et bien son heure...

Oui, c'est de cela qu'il s'agit, de la malveillance

Mélangée d'ambiance

Les sociétés sont en décadence

En vertu, il ya carence

La corruption, la prostitution sont en abondance…

Il ya trop de problèmes, je m'en fous,

Sinon je vais devenir fou,

Je marche les yeux fixés vers les cieux

Implorant le grand Dieu

Pour lui demander pitié

Car la source de vie s'assèche en entier ;

Je n'ai presque plus de force

Aux obligations, je m'efforce

Je suis léger,

Le moindre petit vent peut m'emporter

Ainsi, je me suis tû

Comme une feuille sèche qui n'a plus de jus

J'aimerais marcher la tête haute

Mais hélas ! J'ai peur de l'autre

Et cet autre

C'est le mal qui est une partie des nôtres

En ce qui a trait intégralement au nôtre

C'est le bien qui devrait guider l'humanité

Pourtant les problèmes s'ensuivent

Peu à peu, ils s'agrandissent

D'heure en heure,

Jour après jour, il ya des pleurs.

Que peut-on donc faire,

Pour se faire

Et se plaire

En cette ère monétaire ?

On n'a pas encore de réponse claire

Mais ce qui est donc clair

C'est qu'on doit chercher à mieux faire

Bien faire, bien faire et bien faire.

C'est là, le vrai rôle des missionnaires,

Principaux détenteurs de l'univers...

Cordialement !

-Lettre 22- Spécimen à part

Cher ami,

Je reçois avec joie et tristesse à la fois, ta profonde réflexion pleine de poésie et de talents d'artistes. Que du talent ! Quelle profondeur ! Quelle exemplaire humanité ! Pareille sensibilité n'est guère facile à trouver sous ton soleil. Des hommes comme toi, il n'y en a vraiment pas beaucoup, Tu peux en être sûr !

Sans doute ta vision du monde est pessimiste, mais tu en appelles à changer la vie. Tu invites tes frères à changer de comportements qui sont aujourd'hui, on ne peut plus suicidaires. Ton sens, ta vision du monde est d'une noblesse hors-norme. Tu en appelles à un grand changement, bref un changement de ''Paradigme''. L'humanité se souviendra de toi, et plus encore quand tu es mort. En d'autres termes, par ton absence, ils sentiront fortement ta présence. Tu penses pour la postérité et tu trouveras sa faveur 400 ans après toi, sois en sûr !

Ton texte décrit la vie dans la société telle qu'elle est et pis encore tu poétises dans une langue claire et distincte, la vie dans ses dimensions les plus horribles pour en appeler à un changement radical. Tu es un homme intelligent, soucieux, visionnaire et par-dessus tout idéaliste. Tu aurais vraiment voulu que la vie soit autre et que les sociétés du monde soient organisées autrement pour l'épanouissement de la vie même et des espèces habitant la terre, mais hélas ! Les humains savent le bien, ils savent comment le pratiquer, comment l'atteindre pourtant, c'est le mal à qui, il laisse le champ libre d'envahir leur être. L'être ne sait pas concorder avoir et être, il préfère dans sa petitesse, mille fois avoir qu'être.

Il méprise l'être au profit de l'avoir qui, au bout du compte est éphémère et décevant alors que l'être réussi est et sera toujours en position de noblesse.

Bien avant, permets que je te fais part d'un retracé historique du parcours des humains. Les humains sont passés du stade de nomade au stade de sédentaire et du stade de sédentaire à une pré-civilisation de la technique, de la pré-civilisation de la technique à la civilisation de la science et de la civilisation scientifique à la civilisation technologique, maintenant il leur reste de passer de cette civilisation technologique qui détruit et aliène pour soutirer des profits, à une civilisation humaniste (Humanisme) qui saurait prioriser l'être de l'être et par conséquent dans son intégralité , car l'être humain est négligé par son propre frère . Le sujet humain est oublié alors qu'il devrait être au cœur de tous les grands débats dominant les siècles ainsi que le sujet pratique, prioritairement priorisé du monde vécu.

Je vais tout de même essayer de te décrire dans un petit mais sublime poème, comment se déroule la vie sous ton soleil. Et cela t'aidera certainement à comprendre que la cause humaine semble bien être perdue.

-Ainsi perdue, semble être la cause humaine

La misère est la grande psychose

Et l'argent est l'hypnose

Qui donne l'illusion que tout est rose

Pourtant au fond la vie est très morose

Ainsi perdue semble être leur cause !

Seulement au profit de stupides et vaines choses

Prenons donc une bonne pause

Bien avant d'enchainer sans prose...

Des problèmes tous les jours se posent

Les gens avec des réponses supposent

Quelques pauvres solutions se proposent

Les méchants du monde à leur gré, disposent

Et le fichu destin des fous du monde prédispose ...

Entre les races, la guerre s'interpose

Et le mal a malheureusement atteint son apothéose

Car la haine chronique s'impose

L'être humain et ses semblables criminellement s'opposent

C'est définitivement la totale névrose

Perdue malheureusement semble être, leur cause !

Portes-toi bien cher frère !

Lettre -23

Cher ami,

Très cher ami, merci de m'avoir fait un exposé explicatif de ce qui se passe dans le monde et de ce qui semble va toujours se passer… quel triste sort ! Tu as bien dit, la cause humaine semble de plus en plus être perdue. Car ici-bas, même l'espoir est désespérant. Si l'espoir ici se désespère, c'est parce que la bonne volonté se démissionne et le profond désespoir sillonne à presque tous les horizons de la vie. Ici l'amour se greffe sur le désamour, et l'espoir s'achemine vers le désespoir. Les portes de la vie sont scellées du sort de l'in-espérance. D'où le mal a toujours gagné et semble vouloir regagner encore et encore du terrain, il n'y a presque pas d'antidote à ce grand virus mortifère qu'est le mal humain, fort malheureusement.

Au lieu de penser qu'ils étaient le mesure de toute chose, mes frères humains devraient penser qu'ils pouvaient être la victime de toute chose et en toute chose. Car, les grandes et sauvages pandémies, les meurtriers accidents, les complots criminels, les exterminations politiques massives, les maladies incurables, les pathologies intraitables, les phénomènes mortels insaisissables démontrent à quel point la fin de l'homme est tragique. Et aujourd'hui nous devons encore une fois tous, admettre que les expériences haineuses, la cupidité mordante, les désirs vilains et les excès d'inventions non nécessaires, au lieu d'aider l'humanité ont plutôt servi à la conduire droit à la catastrophe. Je me permets de te poser une question qui me pose pas mal de problème, lesquelles sont : devons-nous croire en une autre vie après notre disparition sur terre ? La réincarnation dont parlent tellement certaines gences, existe-elle véritablement ?

Faisant suite à cette réflexion, je vais donc devoir sous un autre format ,te transmettre ma longue et dernière réflexion sur le monde et tu me dicteras ce que tu penseras de mon monde qui, sous les yeux de plus d'un, s'écroule et semble à tout prix, s'écroulera … c'est un long et difficile texte dont l'intitulé décrit dans un style tristement mordant , ma situation , ma condition d'homme misérable à cause de ce qui se fait sous mon vieux soleil. ''Je suis un homme mélancolique''

-Je suis un homme mélancolique

Je suis un homme mélancolique
Mon cœur est nostalgique
En raison du fait que j'ai vécu dans un monde tragique
Là où la vie est vraiment pathétique
Tout pouvait être si idyllique
Mais hélas !
Nous adoptons la voie diabolique
Et depuis, rien n'est pour nous bénéfique
Et toute nos initiatives sont maléfiques ...

Tant de femmes sont magnifiques
Trop d'enfants sont angéliques
Si peu de gens sont civiques
Ils oublient les notions de morale et d'éthiques
Et font fî de toutes valeurs déontologiques.
Trop d'usages technologiques

Et tristes, sont les recherches scientifiques...

Pauvre monde impudique
Nos comportements sont trop machiavéliques
Nos attitudes haineuses sont cancériques
Avec une cohabitation misanthropique
Nous ne sommes plus philanthropiques
Et nous devenons tous, xénophobiques
Et pour ainsi dire, homophobiques...

De très mauvaises politiques
Faites par des politiciens démagogiques
Nous ont donné un mal chronique
Et qui viendra guérir notre peau si lupique ?

Les cœurs ne sont plus catholiques
Nous sommes beaucoup trop égocentriques
Par une haine épidémique
La violence devient pandémique
Tout est devenu si robotique
Plus de solidarité organique
Les rapports sont si bureaucratiques
Qu'il n'ya plus aucune considération massique ...

Avec une mentalité lubrique
Même les poètes ne sont plus lyriques
Ce qui devrait être romantique

Devient tellement dramatique

Qu'on se demande pourquoi est-ce si cynique ?

*Quand ce ne sont pas les ''**lois constitutionnelles**'' qui sont iniques*

*Ce sont les " **Loas Lakou**" qui déclenchent une terrible polémique*

Enfin nos vilaines ambitions sont très léthargiques

Je suis on ne peut plus mélancoliques...

Depuis la période antique

Le Nord et le Sud mènent une bataille géopolitique

Les sociétés sont anomiques

L'intolérance est catégorique

Les soi-disant maitres du monde sont excentriques

Tout sous le soleil est pathologique

La vie dans les cités est tout simplement toxique...

Mortes sont les valeurs symboliques

Les contrées de la vie et du monde sont fatidiques

Et nous attendons encore et toujours celui qui viendra nous ré- rendre les rapports authentiques

*Peut- être que nous sommes **schizophréniques***

*Ou tout simplement **hystériques***

*Dans cette existence **psychosomatique***

*Où nous ne sommes que des entités **humano-métaphysique**...*

Je suis un homme mélancolique...

Mon amour pour la vie est platonique

Hélas ! Les issues pourtant sont faméliques...

Lettre 24- spécimen à part

Très cher ami,

Je comprends bien ta grande et immense réflexion ayant pour toile de fond le désespoir de voir que la cause de l'espèce semble être minablement perdue. Fort malheureusement, c'est un constat et qui plus est, très alarmant. Le monde a déjà trop longtemps paniqué, ça te parait on ne peut plus alambiqué. Je comprends si bien ta mélancolie parce que je sais que tout grand homme est mélancolique. La mélancolie décrite à travers tous tes écrits fait de toi, un être on ne peut plus tragique. Par contre, il est donc de mon devoir de te dire que le monde ne va pas mourir, car il n'a guère été facile pour tes humains de frère. Tu es le produit aujourd'hui de la civilisation d'hier. Les premiers hommes ont dû se sacrifier pour résister aux assauts de la nature quand elle se met contre vous en colère (climats, déchainements etc..) tout était absolument plus difficile, ils n'avaient pas les conforts auxquels, vous avez aujourd'hui accès. Pourtant cela ne les empêchait guère d'être plus humain et plus sensible à la cause de la vie. Ils vivaient sainement, c'est-à-dire, en harmonie avec la nature. Ils s'alimentaient de ce qui sortait fraichement du jardin. Bref, ils vivaient de la chasse, de la pêche et de la cueillette, il ne s'agissait pas pour eux d'être maitres et possesseurs de la nature, mais de s'harmoniser avec elle afin de réaliser parfaitement la vie dans l'harmonie des cœurs et des esprits. Car celui qui maltraite la nature, maltraite incontestablement sa propre mère. Sommes toutes, il ne s'agit pas d'apprivoiser, mais d'aimer pour se servir et la protéger pour la survie de la vie elle-même ...

Sans vouloir diaboliser la science qui est l'approfondissement de la technique, je crois que quand la conscience de certaines sciences se font méchantes, elles peuvent se révéler très nocive pour la santé de la vie ... ''*il faut donc réveiller la sensibilité de la science, pour essayer de sauver l'espèce. Je sais que ça peut prêter à confusion, mais la science a aussi un côté sensible, car elle est instaurée et pratiquée tout au long du temps par des hommes qui sont faits de chair et d'esprit. Et qui dit chair, dit aussi être animé de sensibilité dans un sens ou dans un autre. Ce qu'on appelle en science subjectivité, ne vous leurrez pas ! La subjectivité ne peut pas, ne pas être en science, car il est propre au sujet humain, et est un caractère même dominant chez le sujet humain''.*

Pour ce qui a trait à la croyance de la vie après la mort et à la réincarnation, nous pouvons l'aborder sur plusieurs angles, mais tâchons de dire d'abord et avant tout, qu'il n'est point un péché de croire, de même qu'il n'est point également un péché de ne pas croire. La question de croyance est une affaire subjective, floue et axée surtout sur des histoires personnelles. L'être dans son essence est d'une double nature et de triples dimensions. L'être est éternel, atemporel sur le plan cosmique, mais sur le plan vital, il est temporellement limité et très passager. Une autre vie après la mort, personnellement, je n'y crois pas ! Mais cela ne veut pas dire que tu ne dois pas croire en une probable vie après la mort. Par contre ce qui est prouvé plus de mille fois, c'est que l'être humain se limite entre trois temps, le présent, le futur et le passé, ce qu'on peut appréhender par avant, pendant et après. La réincarnation est une hérésie obscure, chaque être est unique et personne ne vivra pendant plusieurs siècles sous divers corps différents. C'est une tentation à l'aliénation, mon ami, ne tombe pas dans ce vilain jeu ! Ne sois pas étranger à toi-même et à ton essence et nature. Tu es né pour vivre et pour dé-vivre ou disparaitre afin de libérer la place à une autre que l'existence appelle pour continuer le cycle vital après toi. Ne te laisse surtout pas gagner par cet obscurantisme !

Selon cette belle théorie du ***big-bang***, modèle cosmologique, mis en place par la science pour expliquer le commencement des temps mesurables y compris l'avènement de l'espèce homme, l'homme serait un parachuté, un enfant de la fatalité, résulté d'un accident de parcours et aujourd'hui vous devez tous être conscients et par là admettre aux travers des diagnostiques plus ou moins pessimistes que l'être humain a catégoriquement chuté. Il a maladroitement failli à la mission que l'Existence lui a confiée.

Par ailleurs, il ya grande possibilité de revitaliser la vie, et pour ce faire, il faut ré-cultiver le grand jardin de l'amour, ainsi les fruits redonneront goût à l'espérance et l'humanité se reconstruira d'elle-même. Si le monde meurt ou devrait mourir, ce n'est que pour ces raisons que je vais t'inviter à prendre conscience et connaissance en même temps, à travers une très longue réflexion dénommée et ainsi pensée : ''Le monde meurt et il meurt en détail''

Le monde meurt, et il meurt en détail ...

Le monde meurt,

Il meurt á chaque seconde,
Á chaque minute, á chaque heure.
Il meurt d'heure en heure,
Le monde tragiquement, meurt.

Le Monde meurt dans ses millénaires
Il meurt á chaque centenaire
Le Monde meurt,
Et il meurt par ces grands centraux nucléaires,
Enfin, il meurt par ces chimères ...

Le Monde meurt dans sa grandeur
Il meurt dans ses petitesses,
Le Monde meurt en Gros,
Il meurt en détail,
Il s'aplatit dans le détail du détail
Le Monde tout simplement meurt ...

Le Monde meurt par ses grandes "VOLONTÉ DE PUISSANCE"
Il meurt dans sa grande dégénérescence
Le Monde meurt par ses grands et Indomptables MAITRES
Il meurt malheureusement avec ses ESCLAVES
Tragiquement, le Monde meurt,
Et il meurt en détail ...

Le Monde meurt dans ses rêves
Comme il meurt dans ses fantasmes

Le Monde meurt dans sa réalité
Comme il meurt dans ses cauchemars

Le Monde meurt par ses grands systèmes NIHILISTES
Il meurt par ses dangereux fanatistes
Le Monde meurt par ses grandes pathologies
Il meurt par ses grands et inefficaces remèdes
Le Monde meurt dans son anomie
Il meurt dans sa grande agonie
Le Monde meurt, et il meurt en détail...

Le Monde meurt par l'application de la loi du Talion
Il meurt par ses dangereux lions
Le Monde meurt par ses propres virus
Le Monde meurt par ses différentes astuces
Tragiquement, le Monde meurt!
Et il meurt en gros et en détail

Le Monde meurt dans sa longueur,
Il meurt dans sa largeur.
Le Monde meurt dans ses contours
Et il meurt tout au tour.
Le Monde tristement meurt!

Le Monde meurt dans sa peau
Il meurt dans son dos
Le Monde meurt au canot

Il meurt au cachot
Il meurt au fourneau,
Le Monde horriblement, meurt!
Et Il meurt en détail ...

Le Monde meurt dans la pagaille
Il meurt avec ses racailles
Le Monde meurt par ces canailles
Le Monde meurt avec ses cobayes
Il meurt avec toutes ses entrailles
Le Monde meurt, et il meurt en détail...

Le Monde meurt dans ses putains de villes,
Et il meurt dans ses malheureuses campagnes.
Il meurt dans ses taudis
Et Il meurt dans ses châteaux
Il meurt dans ses grattes- ciel
Et il meurt de manière superficielle
Malheureusement, le Monde meurt!

Le Monde meurt dans sa tête
Il meurt dans ses membres
Le Monde meurt dans son esprit
Il meurt dans son corps
Finalement, le monde meurt dans son âme!
Monstrueusement, le monde meurt!
Et Il meurt dans toute sa chair...

Le Monde meurt par ses idiots,
Il meurt par ses "intellos"
Le Monde meurt dans ses bureaux
Il meurt par ses propres salauds
Le Monde meurt, et il meurt au cerveau...

Le Monde meurt avec ses symboles,
Il meurt avec ses valeurs;
Et au Cœur de sa grande richesse,
Le Monde meurt dans l'abjecte pauvreté!
Le Monde meurt, et il meurt en détail...

Le Monde meurt dans ses cultures,
Et il meurt dans sa nature.
Il meurt dans ses philosophies,
Et il meurt dans ses anthropologies.
Le monde globalement, meurt !
Et il meurt dans toutes ses heures...

Le monde meurt par sa politicaillerie,
Il meurt dans la racaillerie.
Le monde meurt dans ses démagogies,
Et il meurt dans ses malsaines stratégies.
Le monde meurt, et il meurt chaque jour en détail ....

Le monde meurt par ses amis,

Il meurt par ses ennemis.

Il meurt par ses nombreuses inventions,

Mais surtout par ses grandes et honorables interventions.

Le Monde meurt par ses parents,

Il meurt par ses enfants.

Il meurt dans ses compartiments,

Et il meurt du dehors comme du dedans.

Le Monde meurt et il meurt en détail...

Le Monde meurt dans son Cœur,

Il meurt dans ses parties

Il meurt dans son ventre

Il meurt dans son bas-ventre

Le Monde meurt et il meurt en détail

Le Monde meurt dans sa chair

Il meurt dans ses os

Le Monde meurt dans ses veines

Il meurt dans ses gènes

Le Monde meurt dans ses ADN

Tristement, le Monde meurt, et il meurt en détail ...

Le Monde meurt dans ses pas

Il meurt á chaque pas,

Le Monde meurt par ses empoisonneux repas

Il meurt dans ses appâts

Et il meurt dans ses discours d'apparat
Enfin, il meurt en assistant á son propre trépas

Le Monde meurt dans ses rues
Il meurt dans ses salons
Le Monde meurt avec ces recrues
Et il meurt avec les sales cons

Le Monde meurt en Marchant
Il meurt en dormant,
Le Monde meurt sur tous les fronts
Il meurt dans son tréfonds

Le Monde meurt dans ses institutions
Il meurt par ses constitutions
Le Monde meurt dans ses traditions
Il meurt dans ses incessantes révolutions
Hélas, il meurt avec ses pauvres convictions !!!

Le Monde meurt dans ses promesses
Il meurt dans ses prouesses
Le Monde meurt dans ses détresses
Il meurt avec ses vilaines presses

Le Monde meurt dans ses vérités
Il meurt dans ses non-vérités
Le Monde meurt dans sa méchanceté

Il meurt dans sa sainteté
Le Monde meurt, et il meurt en détail

Le Monde meurt avec ses" Bon dieux"
Il meurt avec ses ''faux-dieux''
Le Monde meurt avec ses "démons"
Il meurt en aval et en amont
Le Monde meurt, et il meurt au détail ...

Le Monde meurt dans sa chaleur
Il meurt dans sa froideur
Le Monde meurt dans sa tiédeur
Le Monde meurt dans sa laideur
Il meurt et laidement il meurt

Le Monde meurt dans sa sombreur
Il meurt dans ses lumières,
Le Monde meurt dans sa hauteur
Il meurt dans sa profondeur
Il meurt dans ses malheurs ...

Le Monde meurt au berceau,
Il meurt au boulot
Le Monde meurt au repos
Enfin, il meurt au tombeau
Le Monde meurt, il meurt en gros
Il meurt en détail ...

Le Monde meurt par ses cadres
Il meurt avec ses mascarades
Il meurt en cascade
Il meurt par ces boutades
Le Monde meurt et il meurt en détail..

Le Monde meurt par ces bourreaux
Il meurt par ses taureaux
Le monde meurt par ses propres victimes
Il meurt et il meurt en gros et en détail ...

Le Monde meurt dans ses folies
Il meurt dans sa grande sagesse
Le Monde meurt dans ses forces
Il meurt dans ses faiblesses
Le Monde meurt dans ses chaines
Il meurt pour son extravagance
Le Monde meurt pour sa liberté
Il meurt pour sa puissance
Il meurt dans ses grandes recherches
Et enfin le monde meurt pour sa destruction de l'humanité

Le Monde meurt par ses cancers
Il meurt par ses tumeurs
Le Monde meurt dans ses guerres
Il meurt dans ses recherches incessantes de lumières.

Le Monde meurt, et il meurt en détail
Le Monde meurt, et il meurt en détail…

-Lettre 25-

Très cher ami,

Je ne t'en remercierai jamais assez pour tout ce dont tu as pu m'apporter en termes de support allant jusqu'au delà de la physique. Tu m'as toujours aidé à mettre toujours tout en lumière, j'ai aimé ton texte. Loin de te considérer comme un porteur de mauvaise nouvelle, je te comprends à travers cette réflexion pertinente, comme un bon prophète de l'avenir et ce texte doit être vu et compris comme une sorte d'avertissement pour les humains. De ce fait, nous autres, les humains, nous devons prendre garde à tout ce qui se fait sous le soleil et qui est extérieur à nous, d'une part et prendre garde d'autre part à ce que nous-mêmes, produisons qui est, peut-être ou pour être plus précis, peut devenir à l'avenir, on ne peut plus néfaste à la santé de l'humanité.

Sans être en contradiction avec ce que tu véhicules en ta qualité de grand porteur de lumière, je me réclame donc de cette catégorie d'hommes qui croient particulièrement en la vie et en la bonne organisation de l'humanité. Et je compte bien d'y demeurer durant tout mon séjour sur cette terre…

Ainsi, notre grande foi en la vie et en l'amour, veut nous engager dans une aventure qui n'a certainement rien d'éphémère…une aventure où nous embrassons les passions les plus nobles pour défendre les causes les plus nobles ; en particulier la grande cause humaine. Oui ! J'embrasse viscéralement la bonne cause de voir un jour, dans un temps non lointain, la vie dans une dimension plus humaine, où l'amour et l'harmonie abondent dans tous les sens, nous voyons la grande et vraie vie au bout du tunnel de l'existence, elle est peut-être loin, mais sa lueur brille encore et brillera toujours sur la face de l'humanité entière…

Ami, adorable ami, nous serons « réentendus et peut-être vus », un de ces beaux jours, au ***crépuscule de la vie et à l'aube de la paix*** tant espérée et attendue par les humains authentiques, dont moi aujourd'hui je revendique humblement le partage.

Comme je t'en serai gré !

Ton cher ami, le fidèle humain, depuis un coin de la terre, le 24 avril 2020

-Lettre 26- spécimen à part

Ami,

Très cher ami, ta parole m'a été à une parole très entendue, je suis justement content qu'à la fin, l'espoir se rejoint à notre vue et espérance pour une nouvelle organisation de la vie et pour la vie dont le fondement pour être solide et indéfectible doit s'asseoir sur les rocs solides de l'amour dans l'harmonisation du sable , de l'eau vitale et du ciment qui doit cimenter la vie sur terre, véritable planète où loge l'existence infiniment infinie.

En effet, cher petit frère et ami de l'autre espèce et de l'autre habitation de l'univers. L'amour est donc le seul chemin susceptible de vous conduire droit à la demeure de la paix. Les humains doivent, une bonne fois pour toute, comprendre que **''l'essence de la vie, c'est la compréhension dans l'amour, mais son véritable sens, est la paix''.** Ma perspective ici, est non-violente, car je n'ai jamais été partisan de la violence, et ce, sous quelque soit, la forme que ce soit. Le profond dilemme réside pour les humains, dans la façon, le chemin de trouver la paix. Autrement dit, par quel chemin et quelle voie et aussi quelle voix empruntées pour arriver donc à la paix tant espérée.

Je n'ai pas l'apanage de la vérité et ma raison est loin d'être une panacée, mais je peux toutefois essayer de répondre que c'est uniquement en empruntant le chemin de l'amour dans la compréhension. **L'amour est le moyen, et la PAIX est la fin des fins.**

En tout cas, si l'existence de chez toi, est pour toi infernale, si tout à tes yeux parait inabordable tu n'as qu'à venir me joindre ici, car ici sur ma planète, tu trouveras un havre de paix ; bref, la paix que tu souhaites tellement longtemps sur ta planète…

Et au terme du terme, quoi que chancelante, mais l'humanité a toujours été et est encore toujours debout. D'une rude épreuve à une autre-de la catastrophe miséreuse à la catastrophe misérable. Plus patients que jamais, les humains doivent tout comme toi, nourrir comme jamais leur rêve de toujours : ***embrasser la vie au maximum, caresser sa muse afin de pénétrer au fin-fond de son jardin le plus gardé, afin en effet, de percer le mystère de son mystère.***

Car en effet, il ne s'agit pas en effet de se battre avec la vie, mais plutôt de chercher à s'harmoniser avec elle ; et il faut impérativement reconsidérer et comprendre que **la terre est là, le précieux sol dans lequel s'enracinent les arbres de la vie**. Ce n'est pas un Adieu, mais un au revoir petit frère, portes -toi bien ! Salues de ma part tous les humains de la terre, dis leur que je les aime tous, de tout cœur et que je les souhaite en toute sincérité, le meilleur ! Qu'ils se réunissent tous dans la bonté du cœur sincère afin de parvenir à sauver leur seule planète en instaurant la Paix. Je n'ai donc plus rien d'autres à dire. Qu'il me soit maintenant permis de me taire, après avoir souhaité le meilleur, aux enfants de la terre !

Ton ami frère, spécimen à part, depuis l'autre bout…le 25 avril 2020.

Mes salutations distinguées et dévouées !

Bonus

LE TEMPS DES MASQUES...

Le feuilleton a commencé
Par là où il devrait être terminé
Les dangereux épisodes
Annoncent le funèbre exode
C'est bien l'inverse de l'ordre
A l'établissement planifié de la tragédie du désordre...

C'est encore une grande guerre de l'opium
Apparait sur bien d'autre forme
En utilisant tout aussi d'autre médium...

Voilà donc, le malheureux déroulement !
Dans une ambiance atmosphérique
Se sont lancés des armes biologiques
Ainsi vient, l'effroyable tourment!

Les acteurs sur le plateau
Sont contraint de soulever un lourd fardeau
C'est un horrible scénario
Où seuls les plus cyniques sortiront avec brio...

Ce n'est plus une mission impossible
Mais quelque chose qui se tiraille entre l'impossible-possible
Où l'agent à l'œil nu, invisible
Crée malgré lui les scènes les plus horribles...

C'est une fâcheuse tempête
A l'intérieur d'un amer gouffre
Où ceux qui jouent au méchant
Font basculer les gentils dans l'éternel néant
Sans force, sans défense
Ils capitulent peureusement
Pour sommeiller dans l'éternité éternelle ...

Le bilan est stratosphérique
Les moindres recoins sont cadavériques
La cité est Amère de saveur

Les survivants attendent à leur tour, le remède sauveur

L'ordre est cyniquement dérivé
Sur l'évènement tous les yeux sont rivés
Ce n'est plus les plus justes qui seront sauvés
Mais les plus méchants qui sont en toute sûreté
Alors que les innocents
Sont dans une totale insécurité...

Le film renferme trois grandes scènes
Réalisées par les quelques grands mécènes
L'un porte le nom de confinement
Les deux autres se confinent "entre la mise en quarantaine
Pour après résultat, être en "isolement"
Sans penser que nous étions longtemps déjà par les maitres du monde en quarantaine...
Quand surtout, ils ferment les frontières
En prétendant eux seuls, détenir le testament d'ADAM
Excluant les pauvres du partage de la terre...

Suite du feuilleton du siècle
Les épisodes sont de plus en plus tragiques
Survivre devient de plus en plus drastique
Prions enfin que ca change au fil des siècles

Sans quoi,

Je ne vois pas comment
Ni enfin pourquoi
L'existence ne va pas ne pas assister à son propre enterrement

Les acteurs s'agitent en cascade
La vie hennit dans l'infernale tornade
Et dans cette sauvage tocade
Les rescapés sont en escalade

Le temps est aux masques
Des masques sûrement qui démasquent
Et Ces masques qui masquent dans le scénario
Démasquent en réalité les comédiens dans la grande et pleine réalité...

(Spécimen à part, le temps des masques)

Aux stupides nihilistes qui ont empoisonné l'existence (bonus)

Quel malheur ! Les détracteurs de la fraternité, les grands ennemis de la vie, ont empoisonné l'existence et font du même coup, de cette planète un endroit vil et horrible, où l'existence n'est point un sacerdoce, mais une vilaine chose contre laquelle il faut nuit et jour, combattre férocement.

La liberté qui était subtilement dans les fers, se trouve maintenant emprisonnée au vu et au su de toute l'humanité. Existence empoisonnée, liberté emprisonnée ! J'entends de loin, parler le grand annonciateur des sentences, ainsi résonne sa voix : malheur à vous qui exterminez les enfants de la vie ! Malheur a vous, sales terminateurs ! Votre heure est proche, croyez moi !

Combien sont stupides vos interminables horreurs ! Combien sont tragiques, vos sales expériences avec l'existence ! Pourquoi cherchez-vous donc sans cesse à abattre la vie ? Et vous qui profitez cyniquement de la tragédie humainement mortelle, comment vous sentez-vous ? Sachez que je reprouve vos sales comportements et je condamne vos attitudes de despote malhonnêtes.

Moi objecteur de conscience, c'est à cause de vous que je me vois en train de répugner le monde et ses anomiques valeurs. Car en effet, je me sens vraiment pas chez moi, et de fait, je n'ai jamais été chez moi à cause de vos essais désastreux, scandaleux et scandalisant en même temps.

La haine que vous éprouvez pour vous-mêmes en haïssant la grande race humaine qui est sans conteste votre propre race, me dégoutte et le venin qu'il propage est en train d'empoisonner tout l'atmosphère. Les pauvres tombent par millier, comme des mouches, ils se font exterminés et empilés dans des vilaines fosses comme des putains de rats tombant en putréfaction qu'on en a marre de respirer la puanteur. Sales manipulateurs, vous avez bien eu le résultat escompté, et maintenant vous pouvez bien vous reposer sur vos oreillers sans avoir la moindre ‘’ mauvaise conscience ‘’. Ca y est ! Le travail est fait. La population mondiale est réduite et votre formule sacrée, ce n'est que moins d'hommes, moins de problèmes, plus d'hommes, plus de problèmes. (Staline, le tyran rouge)

J'ai l'impression de vivre **''l'éternel retour''**, de vos innombrables guerres et exterminations massives. Votre nihilisme qui est la haine et le mépris de la vie, étouffe l'humanité jusqu'à vouloir écraser la vie toute entière ...comme je vous dégoutte, sales exterminateurs ! Aujourd'hui, vous tentez d'assassiner la vie dans toute sa profondeur, mais un jour viendra, où vous regretterez amèrement d'avoir lutté contre elle, sales et monstrueux nihilistes. Sachez que je ne me réclame pas de votre sang, nous n'avons pas la même vision du monde. Nous ne sommes pas les mêmes. Je ne vous connais plus et ne vous ressemble point.

A cause de vous, nous sommes nombreux à être des déshérités du présent, pourrions-nous, nous réclamer des enfants de l'avenir, quand ce monde grâce à vos cyniques « volonté de puissance », se dégénère et devient l'enfer des enfers ? Et quand malheureusement la survie de la vie ne tient qu'à un fil ? Je ne vois pas l'avenir de l'avenir, mais aussi l'avenir de la vie, qui elle-même est à la merci de vos projets démoniaques. Hélas ! Moi qui suis le non partisan de toute guerre, vous me forcez donc à déclarer la guerre à vos guerres. Nous autres, nous ne sommes pas nés de la dernière pluie, nous savons que vous aimez le sang et que vous vous réjouissez des cadavres. Maintenant je sais bien de quelle pathologie êtes-vous les symptômes : la mort. Vous, tueurs de vie, grands arpenteurs de cimetière.

Quand l'escadron de la mort arpente la planète, ce n'est que pour enlever à la terre ses plus doux et généreux de fils. Ainsi donc l'espace est devenu un cimetière à ciel ouvert, où les cadavres fourmillent sous l'assaut de vos fléaux rageurs qui se distillent. La trompette sonne :

malheur, malheur et malheur ! Gare à vous, sales imposteurs, manipulateurs et morbides menteurs !

(Depuis Port-au -Prince, avril 2020…)

[1]Epilogue

Cher ami,

En effet, je n'ai pas voulu exhiber à la boutonnière de ces petits écrits, les fleurs du prologue afin justement de ne pas dériver sur un quelconque épilogue révolutionnaire ou poétique. Peut-être que j'avais tort, qui sait ! Je pars des valeurs lointainement perdues dans les brumes contemporaines, embarrassées dans les lianes des rouages sociaux, jusqu'à être les prisonnières des guirlandes aux cimetières des alertes plus que rouges. Danger ! Nous signalent, les feux de la vie, pourtant en vrai cons, nous nous avançons en nous cheminant tout droit vers le chemin obscur du fiasco.

Monde de ''saga'', créateur, instaurateur, restaurateur de mythes, de légendes, concepteur de foire. Qu'est-ce que je regrette, ces moments où tu fûs considéré comme ''forum poétique'' ! Aujourd'hui malheureusement, tu es un véritable théâtre de violentes émeutes et d'aventures dramatiques. Espaces prioritaires des aventures poétiques, tes poètes, tes romanciers, tes essayistes, tes écrivains des douces muses, s'effacent peu-à-peu pour laisser place aux inspirations acerbes et douteuses.

Monde d'exaltation onirique, aujourd'hui sujet à la raillerie, à toutes sortes d'ironie mordantes, acides et amères. Je me suis fait le devoir de vous transcrire ces quelques mots tirés d'une longue conversation d'un ami d'une autre planète qui au terme de ces ennuyantes et enquiquinantes interrogations m'as soumis un ensemble d'informations et de réponses à des questions plutôt mystérieuses.

Pâle et assombri, ces problèmes ont aigri mon naturel , et m'ont rendu de plus en plus pessimiste quant à l'avenir de la planète et après avoir tournoyé mes mots dans mon imaginaire et ma plume aux quatre coins des 26 lettres de l'alphabet français, me voici arrivé au terme d'un court-long voyage, tel un messager qui au terme d'un très long voyage remet la lettre qui lui a été soumise. Ainsi ai-je le sentiment d'arriver au bout de mon devoir humain en tant qu'humain. Moi et lui, étions en route de manière symboliquement communicative depuis quelques jours, 19 mars si je me rappelle bien et nous charrions à travers des encres de bonne volonté et des feuilles de papier faites d'amour et de compréhension mutuelle , un ensembles de préoccupations pour les offrir aux cœurs et âmes espérants, dans un climat et une atmosphères dont nous sommes conscients, qui sont au plus haut point désespérants afin au moins de parvenir aux monts de la **résolution** par la **réconciliation** pour la **résurrection** de cette humanité dé-concordée , désâmée , et désenchantée. Ainsi me soit-il permis de vous inviter à l'épilogue d'un laborieux et long colloque tout en espérant que l'humanité se renaitra comme le phœnix, cet animal mythique qui a toujours sû comment et quoi faire pour se renaitre toujours de ses propres cendres.

Tchad fausny JEAN- MARY, le fidèle humain,

Le grand terrien amoureux de la vie...

Printed by Books on Demand GmbH, Norderstedt / Germany